ピンとくる仕事や先輩を見つけたら、巻末のワークシートを記入用に何枚かコピーして、
手もとに置きながら読み進めてみましょう。

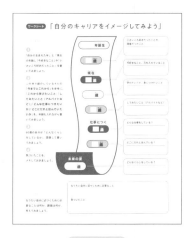

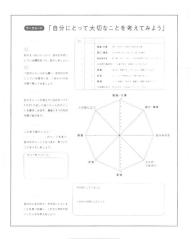

ワークシート
「自分のキャリアをイメージしてみよう」

ワークシート
「自分にとって大切なことを考えてみよう」

このワークシートは、自分の未来を想像しながら、
自分が今いる場所を確認するための、強力なツールです。

STEP1から順にこのワークに取り組むと、
「自分の得意なこと」や「大切にしていること」が明確になり、
思わぬ気づきがあるでしょう。

そして、気づいたことや思いついたことは、
何でもメモする習慣をつけるようにしてみてください。

迷ったとき、くじけそうなとき、記入したワークシートやメモをふりかえれば、
きっと、本来の自分を取り戻し、新たな気持ちで前へと進んでいけるでしょう。

さあ、わくわくしながら、自分の未来を想像する旅に出かけましょう。

ボンボヤージュ、よい旅を！

ジブン未来図鑑編集部

職場体験完全ガイド＋

ジブン未来図鑑

キャラクター紹介

「助けるのが好き！」
「スポーツが好き！」「食べるのが好き！」

メインキャラクター
ケンタ
KENTA

参謀タイプ。世話好き。
怒るとこわい。食べるのが好き。

「旅が好き！」
「宇宙が好き！」「デジタルが好き！」

メインキャラクター
ダイキ
DAIKI

ゲームが得意。アイドルが好き。
集中力がある。

「自然が好き！」
「子どもが好き！」「動物が好き！」

メインキャラクター
アンナ
ANNA

ムードメーカー。友達が多い。
楽観的だけど心配性。

「ホラーが好き！」
「医療が好き！」「おしゃれが好き！」

メインキャラクター
ユウ
YŪ

人見知り。ミステリアス。
独特のセンスを持っている。

「アートが好き！」
「アニメが好き！」「演じるのが好き！」

メインキャラクター
カレン
KAREN

リーダー気質。競争心が強い。
身体を動かすのが好き。

職場体験完全ガイド＋

ジブン未来図鑑

JIBUN MIRAI ZUKAN

15

旅が好き！

登山ガイド　　アウトドアブランド　旅行会社スタッフ　写真家
　　　　　　　経営者

ジブン未来図鑑 職場体験完全ガイド＋

ジブン未来図鑑 番外編

MOUNTAIN GUIDE

登山ガイド

登山ガイドって
どうしたら
なれるの？

高い山に
登らないと
いけないの？

登山ガイドに
必要な資格は
あるの？

危険なことが
あったら
どうするの？

登山ガイドってどんなお仕事？

　登山ガイドは、参加者が登山を安全に楽しめるように、山を案内する仕事です。山では事故も多いため、山についての深い知識や技術、経験だけでなく、お客さまの体力や天候などにつねに気を配ります。またその時の状況に応じて、大きなトラブルになる前に下山するなど適切に判断する力がもとめられます。また、お客さまを楽しませるセンスや、お客さまがどのような登山を楽しみたいのかを調査してツアー内容を考える企画力も必要です。山の魅力をより多くの人に知ってもらうために、高くけわしい山だけでなく、気軽に自然を楽しみながら登れる低めの山のツアーも増えています。そのため、自然について専門知識をもっている登山ガイドの需要も高まっています。

給与
（※目安）

25万円
くらい〜

　所属先やはたらき方などでちがいがあります。人気ガイドになると収入も増えます。スキルを上げて難度の高い山をガイドできるとガイド料もアップします。

※既刊シリーズの取材・調査に基づく

登山ガイドに
なるために

ステップ ①
ガイドに必要な
スキルを身につける
専門学校で学んだり、山小屋などではたらきながらガイドに必要な知識と技術を身につける。

ステップ ②
ガイドの資格を
取得する
日本山岳ガイド協会認定のガイドの資格をとる。資格によってガイドできる山が異なる。

ステップ ③
登山ガイドとして
経験を積む
先輩ガイドに同行するなど経験を積む。ホームページをつくり活動するフリーランスも。

こんな人が向いている！

自然が好き。
体力がある。
人を楽しませるのが好き。
判断力がある。
臨機応変に動ける。

もっと知りたい

　必要な資格はありませんが、ほとんどの人が日本山岳ガイド協会認定の登山ガイドの資格をもっています。資格には「登山ガイド」「山岳ガイド」「自然ガイド」などがあります。専門学校や大学で、地学や植物学などを学び役立てる方法もあります。

目に入った木や植物、落ちている木の実や種、葉などについてわかりやすく説明して、参加者の興味を引き出します。

安全に気を配りながら
参加者に山の魅力を伝える

　水野由香さんは、山の植物の美しさやすばらしさを伝える登山ガイドです。頂上をひたすらめざすのではなく、その途中にある自然を楽しむ時間を大切にしたガイドで、人気があります。季節の変化はもちろん、その日の天気や気温、湿度などで山の自然の様子は変わります。水野さんは山にある自然に目を向けてもらうことで、登山の魅力を知ってほしいと考えています。

　登山を安全に楽しむためには、事前の準備が欠かせません。まず、ツアーを募集する案内が大事になります。紹介したい山や自然を考えて、行く山を決めたら、その山の魅力が感じられる行程を考え、ツアーの案内をつくります。この案内が不十分だと、必要な装備をせずに参加するお客さまが出てくるなど、危険が増えてしまうのです。水野さんは、装備や注意事項など細かなことをしっかり案内に書くようにしています。

　また、当日までに、事故を起こさないための危機管理を徹底して行い、事故が起きたときの対策も頭に入れておきます。たとえば途中で体調不良者が出たときに休める場所や、これ以上登ると危険だと判断したと

きに引き返すルートなどをあらかじめ決めておくのです。リュックには、救助用のロープや救急道具などをつめ、どんな状況にも対応できるようにしておきます。

ガイド当日、水野さんはまず、参加者の服装を見て、登山に適しているかたしかめます。そして昨晩の睡眠時間、朝食を食べたかなど体調も確認し、問題がなければ、ルートやトイレの場所、注意事項などを伝えて登山を開始します。ガイド中も、水野さんはつねに参加者の顔色や体調を確認しています。心配な参加者がいれば、たとえば速度をたもって少しきつい上り坂を登って様子をみます。頂上まで登れそうか、休憩を入れるか、引き返すべきかなどを判断するのです。

ガイドでは、登山道に生えている植物の花や葉、普段は気にもとめないコケなど、足を止めて紹介し、山の自然を楽しんでもらいます。自然の魅力を案内するネイチャー（自然）ガイドとしての経験や、学生時代に植物のことを専門的に学んだ経験が役に立っています。自分が幼いころに両親から教えてもらったように、登山の楽しさを広く伝えたいと考えていて、仕事のモチベーションになっています。水野さんは、山頂をめざす登山だけでなく、山でつくるごはんや、豆からひいて味わうコーヒーをテーマにしたツアーなども開催していて、新しい山の魅力をこれまで登山に興味のなかった人たちにもとどけているのです。

最寄り駅から近くてアクセスのよい山に登る企画を立てます。
想定するお客さまのレベルと目的に合わせた内容を考えます。

地図とコンパスから現在地を割り出す「地図読み」の方法を教え、
山で遭難しないために地図読みの必要性を伝えます。

遭難しないための技術を広く伝えたい

水野さんは、安全に登山するための講習を数多く担当しています。大好きな山で、遭難する人を1人でも減らしたいという思いからです。遭難する理由は道迷いが多いため、水野さんは遭難しないための地図を読む技術が身につく「地図読み講習」に力を入れています。紙の地図とコンパスを使い、地図から立体的に地形を理解する方法です。まず地図の基本を伝え、山の地形やかたむきなどの読み取り方をわかりやすく伝えます。知識を教えるだけでなく、実際に山に行き、コンパスを使って地図上で現在地を割り出す講習も行います。地図読みの技術が身につけば、道に迷う確率を下げてより安全に登山を楽しめます。地図読みでつまずきやすいポイントをていねいに教える水野さんの講習は、初心者でもわかりやすいと参加者から好評です。

また、水野さんが所属する島田ガイド事務所では、災害時に役立つお湯の沸かし方や体温をたもつ方法などを伝える防災キャンプの講習も行っています。大きな災害が毎年のように起こっているなかで、1人でも多くの人が命をつなげるように、自分の経験や技術を伝えていきたいと水野さんは考えています。

水野由香さんの1日

登山のガイドを行い、帰宅後は講習会や次の登山の準備をする水野さんの1日を見てみましょう。

今日は低山のガイドです。天気を確認し、朝食をしっかり食べます。荒天の場合は中止を連絡します。

6:00
起床・朝食

7:00
自宅を出発

23:00
就寝

22:00
企画を考える

翌日の天気を確認してふとんに入ります。遠方の山をガイドする場合はもっと早く寝ます。

ガイド中にお客さまから聞いた意見も参考にしながら、今後のツアーの企画をねります。

7:00

22:00

参加者へ元気にあいさつをし、全員の健康状態のチェックとルートの説明をしたら山に出発します。

登山中は参加者の体調に気を配ります。目にした植物の説明をするなど、楽しんでもらいます。

登頂したら安全を確認して昼食をとります。豆からひいたコーヒーを楽しんでもらうことも。

帰りはより安全に気を配ります。コケをルーペで見てもらうなど、最後まで楽しんでもらいます。

9:00
最寄り駅に集合

9:30
登山開始

11:30
登頂・昼食

12:30
下山開始

20:00
登山準備・入浴

19:00
夕食

16:00
オンライン講座

14:30
解散・帰宅

次の登山の準備をします。救助用ロープや救急道具、防寒具など必要なものをリュックにつめます。

荷物の効率的なつめ方など、山に登る前に知っておきたい内容をていねいに解説します。

解散後、お客さまの楽しい気持ちが冷めないうちに、お礼と撮った写真を送ります。

INTERVIEW インタビュー

水野由香さんをもっと

**登山ガイドをめざした
きっかけは何ですか？**

　3歳のときに両親と山登りをはじめて以来、わたしにとって山や自然はとても身近な存在です。登山というよりも散歩のようで、毎週山へ行っていました。中学校で吹奏楽部に入って山からはなれますが、大学院でマレーシアの熱帯雨林に行って調査をするほど植物学に没頭しました。そこで、机にずっとすわっている研究者は向かない、それよりも大好きな自然に囲まれる仕事がしたいと再認識し、自然ガイドの募集を足がかりにしてこの世界に入りました。めざしたというよりも、自分の「好き」に素直にしたがった結果です。

**登山ガイドで、気をつけている
ことはどんなことですか？**

　参加者の安全管理です。ガイド当日だけでなく、募集のチラシをつくるところから安全対策ははじまっています。たとえば「気軽に登れる」という言葉でも、プロの登山ガイドと登山初心者が感じる「気軽さ」に大きな認識の差があります。普段着で装備も必要なく、散歩のように登れる山だと思ってしまう方もいるでしょう。そのような誤解を生まないように、チラシには必要な装備や歩く距離、山の高さなどをできるだけ具体的に記載して、「このレベルなら大丈夫」とお客さまが判断して参加できるようにしています。

**この仕事で工夫しているのは
どのようなことですか？**

　お客さまの登りたい山や参加したいツアーのテーマをリサーチすることです。ガイド中の雑談でお客さまがふと口にした「あの山に行ってみたい」「あの植物が見たい」などの言葉をメモに書いておきます。時には1年後のツアーを考えることもあるので、このメモはとても役立ちます。お客さまにとって魅力のあるツアーを企画することは大事なことです。ただ、そこで終わらず、自分がどのようなガイドをしていきたいかも大事にして、ご要望にこたえるだけではなく、お客さまの興味の一歩先を提案することも心がけています。

**仕事をしていて失敗した
ことはありますか？**

　真夏に登山ガイドをしたとき、スポーツサンダルをはいて集合場所に向かい、現地で登山靴にはきかえようとして、入れ忘れたことに気づきました。正しい装備の必要性をよびかける登山ガイドがサンダルで登山する姿は見せられません。幸い近くに登山用品店があって事なきを得ましたが、もし買えなかったらと思うとぞっとします。この時以降、登山靴ははいていくようにしています。自分が失敗しやすいパターンを知り、あらかじめ対応策を考えておくことも登山を安全に楽しむ技術の1つです。

知りたい

この仕事のおもしろさや
魅力はどんなところですか？

　たとえ同じ山であっても、季節や天候、時間によって見せてくれる顔がまったく変わるため、何度登ってもあきることがありません。参加してくれたお客さまみんなに楽しんでいただけるように、興味をもってもらえそうな話題をあれこれ考えながらガイドをするなど、一期一会の楽しさがあります。

　自分を通じて山の魅力を知ってもらえることや、お客さまの登山スキルの向上に貢献できることにもやりがいを感じます。好きな登山をして、お客さまが喜んでくれて、さらにはお金もかせげて、なんてすばらしい仕事なのだろうといつも感じています。

ダイキからの質問

方向オンチでも
登山ガイドになれる？

　じつは、わたしも方向オンチなんです。方向オンチが山で迷わないために地図読みの技があるので、それを覚えれば大丈夫です。自分が迷いやすいことを知っている人のほうが地図をきちんと読んで進むので安全ともいえます。社会科で習う地図の見方をしっかり勉強しておくと、山でとても役に立ちますよ。だれかの後ろをついていくのではなく、自分で目的地を決めて、地図を見ながらだれかを案内してみるのもよいですね。

わたしの仕事道具
照明付き10倍ルーペ

山の魅力を伝える必須アイテムです。コケに霧ふきで水分を与えてからルーペで見ると、キラキラと輝きながらコケが開いていく様子が見えます。新しい世界が見られて、お客さまもとても感動してくれます。

教えてください！

登山ガイドの未来は
どうなっていますか？

これからは、AIが登山ガイドの仕事をサポートしてくれる時代が来るかもしれません。しかし、天候や体調のわずかな変化に気を配る繊細な仕事なので、AIにとって代わられることはないでしょう。

みなさんへの
メッセージ

登山ガイドはその人の個性を活かせる仕事です。山が好きで楽しむ気持ちがあれば、どんな人でも活躍できる可能性があります。ガイドの人数は不足しているので、あなたの挑戦を待っています！

プロフィール

1968年、大阪府生まれ。2歳より奈良県で育ち、両親に連れられ3歳より登山をスタート。大学院で植物生態学を研究したのち、旅行会社での勤務を経て登山ガイドに。雪山でのガイドも可能な登山ガイドステージⅡの資格（日本山岳ガイド協会）を保持し、現在は島田ガイド事務所に所属して、お客さまを山に案内しています。

水野由香さんの
今までとこれから

1968年誕生

3歳

山好きの父母が引っ越した先の奈良の里山に感動。父母に連れられて、登山をはじめる。

12歳

吹奏楽部に入り、クラリネットに熱中する。しばらく登山から遠のく。

18歳

大学では環境保護を考える環境科学を専攻。オーケストラ部に入り、その活動は現在まで続いている。

今につながる
転機

環境科学に興味がわかず、森と植物が好きなことを再認識して、大学院の専攻を植物生態学に変更。

21歳

博士課程での研究調査でマレーシアの熱帯雨林に2年半滞在する。

23歳

旅行会社に入社。琵琶湖の西に連なる比良山でネイチャーガイドとしてデビューし、おもしろさを感じる。

33歳

日本山岳ガイド協会認定の自然ガイドステージⅡを取得。島田ガイド事務所にスカウトされて、事務所所属の登山ガイドになる。

35歳

登山ガイドステージⅡを取得。ステージⅠではできない積雪期の登山ガイドもできるようになる。

45歳

現在
55歳

個人ガイドや登山のための講習をはじめ、登山番組のサポートをするなど仕事の幅を広げている。

未来
70歳

自然ガイドの仕事をしながら、遭難防止教育にたずさわっていきたい。

水野由香さんがくらしのなかで大切に思うこと

みずのゆか

中学1年のころ
現在
げんざい

勉強・仕事

人の役に立つ

遊び・趣味
しゅみ

趣味を仕事にした水野さんは、自分を支えてくれる家族や仲間がとても大切だそうです。
しゅみ　みずの
ささ

オーケストラでクラリネットを演奏しています。最近チェロもはじめました。
えんそう

健康

自分みがき

ガイド仲間とは仕事の相談をしたり遊んだりします。遊びに行くのはやっぱり山で、大好きな雪山に登ることもあります。

お金

人との
つながり

家族

家族はとても大切な存在です。カレンダーでそれぞれの予定を共有しています。
そんざい

水野由香さんが考えていること
みずのゆか

大好きな山の仕事は天職。
てんしょく
大変という気持ちはまったくない

　「登山ガイドになる」という意志がはじめからあったわけではありません。自分が好きなことと周囲からもとめられたことを誠実にやってきたら、自然と登山ガイドという天職についていました。登山や自然が大好きなのでいつも楽しく、がんばっている、大変という気持ちはまったくないのです。「好きこ
いし
せいじつ
てんしょく

そものの上手なれ」は本当なのだなと感じています。
　ただふり返ると、出あいの運に恵まれていたと感じます。最初に就職した旅行会社で慣れない業務をこなすわたしを見て、現在所属する事務所代表の島田和昭さんが「登山が好きならうちの仕事を手伝わないか」と声をかけてくれたのですが、この出あいがなかったら登山ガイドとして活躍できなかったと思います。これからも人とのつながりを大切に、山の楽しさと安全を伝える仕事をしていきたいです。
めぐ
しゅうしょく
な
ぎょうむ
げんざいしょぞく
じむしょ
しま
だ かずあき
かつやく

アウトドアブランド経営者

アウトドアブランドってどんなもの？

会社をはじめるときのお金はどうするの？

？

？

どうやって商品をつくるの？

どんな場所ではたらくの？

？

？

アウトドアブランド経営者ってどんなお仕事？

アウトドアブランドとは、キャンプやハイキング、トレッキング、スキー、カヤック、釣りなど、野外（アウトドア）での活動をするときに使う衣服や道具などを展開するブランドのことです。アウトドアブランドは国内外に数多くあり、機能性やデザイン性など、それぞれのブランドごとに特徴があります。アウトドアブランドの経営者は、ブランドを立ち上げ、特徴やセールスポイントを決定して事業計画を立て、商品をつくり販売します。また、売り上げの管理や従業員の育成など、そのブランドに関するすべての責任をとります。アウトドアは自然との結びつきが強いため、アウトドアブランド経営者には、環境に対して高い意識をもって取り組むことがもとめられています。

給与
（※目安）

50 万円
くらい〜

資本金が2,000万円未満の中小企業の場合、平均給与は月50万円程度。しかし設立から数年間は売り上げが少なく、給与が少ないことも多いです。

※既刊シリーズの取材・調査に基づく

アウトドアブランド経営者になるために

ステップ 1 アウトドアブランドのお店ではたらく

すでにあるアウトドアブランドではたらき、業界や商品の専門知識などを身につける。

ステップ 2 経営について学ぶ

経営について学べる学校に通う、本を読んで勉強するなどして、経営の知識を得る。

ステップ 3 アウトドアブランドを立ち上げる

多くの人に必要とされるアウトドアブランドを自ら考案して立ち上げる。

こんな人が向いている！

アウトドアが好き。
スポーツが好き。
SDGsに興味がある。
ものづくりが好き。
考えぬく力がある。

もっと知りたい

アウトドアブランド経営者に必要な資格はありませんが、登山やキャンプなどのアウトドア活動の経験や、素材やデザインの知識が必要です。経理や財務、法律、事業計画の立て方、マーケティング、マネジメントなど幅広い知識ももとめられます。

アウトドアブランド経営者
田中健介（たなかけんすけ）さんの仕事

アウトドアで使いやすいことはもちろん、環境（かんきょう）に負担（ふたん）をかけないことにこだわった商品をつくっています。

「循環型（じゅんかんがた）」のものづくりで
環境への負担を減（へ）らしていく

　田中健介（たなかけんすけ）さんは、自然豊（ゆた）かな東京都あきる野市の自宅兼（たくけん）オフィスで、株式会社（かぶしきがいしゃ）STATICBLOOM（スタティックブルーム）を経営（けいえい）しています。STATICBLOOMでは、オリジナル商品のほか、海外から輸入（ゆにゅう）したアウトドア用品なども販売（はんばい）しています。特に力を入れているのが、環境に配慮（はいりょ）した自社ブランド「STATIC（スタティック）」です。現在（げんざい）、STATICではTシャツやフリース、軽量な防風（ぼうふう）ジャケット、帽子（ぼうし）など、年間約60種類、計2万点ほどの商品をつくって

います。商品は全国のアウトドアショップ50〜60店舗（てんぽ）のほか、ホームページからも購入（こうにゅう）できます。

　商品づくりは、まず環境（かんきょう）に配慮（はいりょ）した「素材（そざい）」をさがすことからはじまります。アウトドアウエアでよく使われる素材（そざい）はポリエステルやナイロンで、その原料は石油です。STATICでは石油の使用量を減（へ）らすために、石油からそのままつくられた繊維（せんい）ではなく、使用ずみのペットボトルなどからつくられた「リサイクルポリエステル」や、繊維工場などで出るごみを再生（さいせい）した「リサイクルナイロン」などの繊維（せんい）を使います。

　STATICではこうした素材（そざい）からオリジナルの生地を

つくることが多く、生地メーカーに直接依頼したり、地域の繊維工場などに交渉したりすることも田中さんの大事な仕事です。環境に配慮した生地でありながら、アウトドアウエアとして高い機能性をもつ。この2つを両立させることがSTATICの理念で、田中さんはこの生地づくりにとことんこだわっています。

生地ができあがったら、衣服の形に加工をしていきます。田中さんはデザインやサイズ、機能などについて、外部のデザイナーや型紙をつくるパタンナーなどに発注します。生地の段階から服が完成するまでの工程では、何度も見本（サンプル）があがってきます。田中さんはサンプルを手に取り、実際に着用するなどして1つ1つ念入りにたしかめます。そして、さらによいものになるよう修正を重ね、ようやく商品が完成します。

自社で服をつくることで、田中さんは服をつくる過程でたくさんの裁断ごみが出ること、使用後の衣類は工場で燃やされうめ立て処理されることなど、環境に大きな負担をかけていることに気がつきました。そのため、STATICでは2022年からは、お客さまが着古した商品や裁断ごみを回収して糸にもどし、ふたたび新しい商品をつくり販売するという挑戦をはじめました。こうした「循環型」のものづくりへの取り組みは、国内外のアウトドアブランドとしてトップレベルです。

環境にとって何がよいことかを判断するのはとてもむずかしいため、たくさんの本を読んで勉強します。

会社やブランドがどのように社会の役に立つか、意義を考える

経営者としての田中さんの仕事はとても幅広く、会社を運営していくために必要なこと、ブランドの立ち上げからものづくりをすることのすべてにかかわります。たとえば、ブランドとしてどのような商品をつくっていくかを企画したり、売り上げを管理したり、海外から商品を輸入する業務で必要な書類をつくったり、販売ルートを考えて営業をしたりなどさまざまです。

そのなかでも特に経営者として大切なことは、「何のために会社やブランドが存在するのか」という意味を明確にすることだと考えています。会社やブランドを長く続けていくためには、十分に利益を得ることはもちろん大切です。しかしそれだけではなく、その商品をつくることが社会にどのように役立つのか、よい影響を与えられるのかという社会的な意義を考えることを心がけています。

田中さんは、アウトドアブランドとして、機能のよさと環境に負担をかけないことの両方を実現できる商品づくりに挑戦し続けています。そして、この先の未来もアウトドアを思いきり楽しめるような、持続可能（サステナブル）なものづくりをめざしています。

田中さん自身がアウトドア愛好者でもあるので、サンプルがとどくと、自分でも着て山を走るなどして、使い心地をたしかめます。

6:00

田中健介
さんの
1日

（たなかけんすけ）

自宅兼オフィスでの事務作業のほか、商品のサンプルチェックや修理を行う1日を見てみましょう。

（じたくけん）（じむ）（しゅうり）

起きたらすぐ、愛犬コスキーの散歩に行きます。このときに周辺のごみ拾いをすることもあります。

海外の取引先とのやりとりは、英語やフランス語などで行うことが多く、やや時間がかかります。

6:00	7:00	8:00
起床・散歩	朝食	メールチェック
（きしょう）		

22:30	21:00	18:00
就寝	読書	仕事終了・夕食
（しゅうしん）		（しゅうりょう）

経営の仕事はつねに勉強することでもあります。この日は環境に関する本をじっくり読みます。

（けいえい）（かん）（きょう）

帰宅した子どもたちと遊んだり、一緒にお風呂に入ったりします。夕食は19時ころに食べます。

（きたく）（いっしょ）（ふろ）

田中さんと妻、リモート勤務の社員の3人で、新商品についてオンラインで打ち合わせます。

午前中に生地や商品のサンプルがとどきます。商品を出したら、自分で着るなどして確認します。

生地や洋服のメーカーなど、取引先とは基本的にオンラインでミーティングを行っています。

10:00
社内打ち合わせ

11:00
サンプルチェック

12:00
昼食

13:00
取引先と会議

17:00
生地のチェック

16:00
近所のごみ拾い

15:00
カスタマーサービス

14:00
サンプルチェック

午後も生地や商品のサンプルがとどきます。生地のさわり心地や伸縮性など1つ1つ確認します。

できるだけ周囲の環境をきれいにたもつように心がけていて、毎日近所のごみ拾いを行っています。

購入したお客さまへのアフターサービスも大事な仕事。依頼を受けたテントのポールを修理します。

商品サンプルのうち、アウトドアでの着心地をたしかめたいものは、着て近所の山を走ります。

INTERVIEW インタビュー

田中健介さんをもっと

<ruby>田中健介<rt>たなかけんすけ</rt></ruby>

> アウトドアブランドを立ち上げた
> きっかけは何ですか？

わたしはこれまで、いくつかのアウトドア企業ではたらいてきました。大きい会社では取りあつかう商品が多いため、使ったことのない商品を売ることもあります。しかし、わたしは実際に使ってみて実感のともなう説明をしてお客さまに売りたかったのです。そこで、自分が気に入った商品を輸入・販売する会社を立ち上げました。

しかし会社をはじめてから、海外の輸入品には、日本の天候や自然環境、体のサイズなどで合わない部分があると感じました。それなら、わたしのアウトドア活動に合うものを、自分でつくったほうがお客さまのニーズにあう商品をとどけられると考え、STATICブランドを立ち上げることを決めたのです。

> STATICで環境に注目した
> 理由は何ですか？

山で遊んでいると、年々雪が減っていることや自然災害が増えていることなど、地球温暖化の影響を身近に感じます。また、アウトドア人気が高まるにつれて、ごみのポイ捨てなどのマナー違反も気になります。アウトドアが好きな人こそ、このような環境問題に率先して取り組んでいかなければいけないと思うのです。

わたしは学生時代から社会課題に関心をもっていま

したが、STATICをはじめてようやく、自分のビジネスと社会課題を結びつけられるようになりました。

> この仕事のおもしろさややりがいを
> どんなときに感じますか？

つくった商品を、わたし自身がユーザーとなって実際に山で使える瞬間は本当に楽しいですね。そして、その商品を、たくさんの人たちにも使ってもらえることが何よりうれしいです。遊びがうまくなればなるほど、より遊びを楽しめる商品をつくろうと考えて、仕事への意欲もわいてきます。遊びと仕事が一体になっているのは、この仕事ならではの魅力です。

> 仕事をするうえで苦労する
> ことはどんなことですか？

ものづくりですね。理想の生地をつくる過程が特に大変です。機能的によいか悪いかというのは試してみればわかりますが、何が環境にとって本当によいことかの判断は、とてもむずかしいです。たとえば、買い物のときに使うエコバッグは、それをつくる過程で環境に多くの負荷がかかっていて、本当にエコといえるのか、じつはよくわからない側面もあります。

しかしSTATICでつくるものは、これが環境にいいものだと確信をもって、お客さまにも説明できるものでなければなりません。それが大変なことでもあり、

知りたい

おもしろいところでもあります。

> 仕事で印象に残っていることは
> 何ですか？

　STATICは、環境にやさしいことを心がけているブランドです。その理念に共感してくれる人がいることに勇気づけられます。

　以前、アウトドアイベントに参加したとき、環境問題を考えているというあるご夫婦から、「お金をはらうのは投票と同じです。ぼくらはそう思っているから、STATICの商品を買わせてもらいます」という言葉を直接いただきました。会社の理念に共感をしていただけたのがとてもうれしくて、印象に残っています。

ダイキからの質問

> 会社をつくるとき、最初の
> お金はどうするのですか？

　自分でためたお金だけで足りない場合、銀行などからお金を借りることになります。そのときには「こういう会社をつくりたい」という説明をし、相手にお金を貸したいと思わせるくらい、よいビジネスだと評価してもらう必要があります。「何となく1人でやりたいから」では、だめなのです。会社の意義を考え、認めてもらうのは大変ですが、それさえできれば、だれでも会社をつくることができます。

わたしの仕事道具
専門書

もともと勉強すること、本を読むことが好きです。洋服や生地などのアパレルに関する本、海洋プラスチック問題や気候変動などの環境に関する本など、さまざまな専門書を読んで、日々学んでいます。

教えてください！

アウトドア業界の未来は
どうなっていますか？

ヨーロッパでは循環型のものづくりが常識になりつつあります。この先の未来では、STATICというブランドの存在意義がなくなるくらい、国内でもこうした取り組みが当たり前になっていてほしいですね。

みなさんへの
メッセージ

遊びでも何でも、とことん追求してみてください。経営もとことんやることで、成り立つようになります。さらによいビジネスをめざしたいと思ったら、「人の役に立つかどうか」もぜひ考えてみてください。

プロフィール

1972年、青森県生まれ。大学は法学部で学び、卒業後は大学院で国際法を学びました。その後、趣味だったアウトドアの業界へ就職。モンベルやビルケンシュトック、アークテリクスではたらきました。2016年に株式会社STATICBLOOMを設立、2020年に初の自社ブランド「STATIC」を立ち上げました。

田中健介さんの今までとこれから

1972年誕生

研究者である父の仕事で、アフリカのザイール（現在のコンゴ民主共和国）に1年半住んでいた。当時はフランス語も話していた。

2歳

9歳からはじめたサッカーに夢中になり、大学時代まで続ける。サッカーづけで高校受験に失敗したため、大学受験の前にいったん辞める。

16歳

国連機関への就職を夢見るが挫折。アウトドア用品メーカーのモンベルに就職する。31歳のときにアメリカに転勤となり移住する。

23歳

大学時代に趣味でアウトドアをはじめる。その後、大学院に進学して、難民問題の研究をし、さまざまな社会課題への関心が強まる。

25歳

アウトドア用品メーカーに2度の転職をしたあと、44歳で起業。株式会社STATICBLOOMを設立する。

44歳

今につながる転機

47歳

台風の影響で登山道が崩壊するなど、自然災害の大きさを実感。環境に配慮したアウトドアブランドの立ち上げを決意する。

環境に配慮した自社ブランド「STATIC」をスタートさせる。

48歳

現在

51歳

商品を回収して糸にもどし、新しい商品をつくり直して販売する「循環型」のものづくりをスタートする。

未来

60歳

循環型のものづくりをさらに追求。自社の商品に限らず、できるだけ多くのアウトドア商品をこの仕組みのなかで循環させたい。

田中健介さんがくらしのなかで大切に思うこと

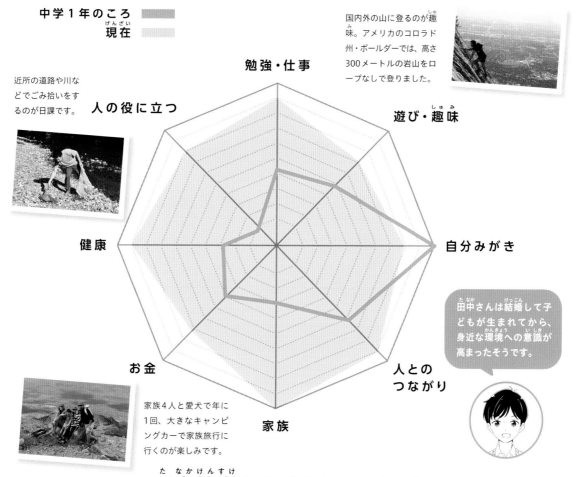

中学1年のころ
現在

勉強・仕事

遊び・趣味

国内外の山に登るのが趣味。アメリカのコロラド州・ボールダーでは、高さ300メートルの岩山をロープなしで登りました。

自分みがき

人の役に立つ

近所の道路や川などでごみ拾いをするのが日課です。

田中さんは結婚して子どもが生まれてから、身近な環境への意識が高まったそうです。

健康

人とのつながり

お金

家族

家族4人と愛犬で年に1回、大きなキャンピングカーで家族旅行に行くのが楽しみです。

田中健介さんが考えていること

服をつくること、服を着ることが循環型の社会につながっていく

自分の着る服がどのようにつくられ、どのように捨てられるか、多くの人は知らないでしょう。アパレル産業は、じつはとても多くのごみを排出する産業なんです。服をつくるときにはたくさんの資源を使い、多くのごみが出ます。着なくなった服の6割以上がごみとして燃やされ、二酸化炭素を排出して

いることは、あまり知られていません。

自動車や食品などほかの産業では、環境意識が高まり、さまざまな見直しが進んでいるのにくらべて、アパレル産業は取り組みがとても遅れています。

わたしは自分のビジネスを通じて、循環型でごみを出さない服づくりを実現していきます。アウトドアやファッションを楽しむ人たちにも、ぜひこうした現実を知ってもらい、できるだけエコな消費行動をしてもらいたいと考えています。

TRAVEL AGENCY EMPLOYEE

旅行会社スタッフ

英語が
話せないと
なれないの？

海外にたくさん
行けるの？

地理が苦手でも
平気？

旅行の
パンフレットを
つくるのも仕事？

旅行会社スタッフってどんなお仕事？

旅行会社スタッフは、日本や海外に旅行をする個人のお客さまや団体旅行のお客さまに向けて、旅行の企画や、ホテル、交通手段などの手配、予約管理、宣伝などをする仕事です。担当する仕事内容によって部署が分かれていることもあれば、複数の仕事内容を1人で担当することもあります。旅行会社によっては、国内旅行のみ企画できる場合や、企画は行わずに旅行の手配だけ行う場合もあります。ほかにも、店舗の窓口に訪れたお客さまの旅行プランの相談に乗ったり、企業や学校などを訪れて旅行プランの提案をしたりする営業などの仕事もあります。どの仕事も、観光地の歴史や交通などに関する幅広い知識、コミュニケーション力がもとめられます。

給与
（※目安）

22万円
くらい〜

初任給の目安で、会社の規模や経験年数、仕事内容などでちがいます。旅行業に関連した資格の取得や語学力を身につけることで、キャリアアップが望めます。

※既刊シリーズの取材・調査に基づく

（ 旅行会社スタッフに ）なるために

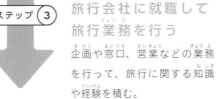

ステップ 1
大学や専門学校で旅行業を学ぶ
大学や専門学校で旅行業に関する知識や技術を学ぶ。会社によっては大学卒が条件の場合も。

ステップ 2
旅行会社の採用試験を受ける
国内外の旅行を企画できる、国内旅行のみ企画できるなど、会社により業務内容が異なる。

ステップ 3
旅行会社に就職して旅行業務を行う
企画や窓口、営業などの業務を行って、旅行に関する知識や経験を積む。

こんな人が向いている！

人と話すのが好き。
好奇心がある。
人と協力するのが好き。
スケジュール管理が得意。
旅をするのが好き。

もっと知りたい

旅行会社スタッフになるのに資格は必要ありません。入社後に取る人が多いですが、「総合旅行業務取扱管理者」「国内旅行業務取扱管理者」の国家資格があると有利です。海外旅行を担当したい場合は語学力があると強みになります。

旅行会社スタッフ
星野純さんの仕事

パンフレットをつくることも大事な仕事です。お客さまの興味を引くように、パンフレットのレイアウトや内容を考えます。

お客さまに「行ってみたい」と思わせる旅行の企画をつくる

　星野純さんは、JAL グループの旅行会社ジャルパックで、スペインやスイス、オランダ、ベルギーなど、ヨーロッパの国々への旅行の企画を担当しています。担当する国の名所や文化、歴史などの魅力が伝わり、行ってみたいと思わせるような企画を考えるのが仕事です。パンフレットにのせる定番のツアーは内容をねり直すことが多いですが、飛行機の機内誌や会員誌などにのせる特別な企画は一から考えてつくります。

　企画が生まれるきっかけはさまざまです。たとえば、2023年はスペインの画家のピカソが亡くなって50年という年だったので、星野さんはそれをテーマにして、スペインをめぐるツアーの企画を立てました。また、機内誌の特集に合わせて企画を立てたり、外国の観光局が主催する視察旅行に参加したあと、企画を立てたりすることもあります。飛行機をビジネスクラスにして豪華な旅をしたい人、エコノミークラスで安くて楽しい旅をしたい人など、どのようなお客さまを対象とするかも企画を考えるうえで大事なポイントです。

　考えた企画はまず部署内で提案し、上司の了解を得

26

たら具体的に調整を進めます。まず、旅行先の国にいる現地スタッフと連絡を取り、何曜日に出発すれば観光施設の休館日にかぶらないか、企画したツアーにふさわしい食事やホテルはどこがよいかなどを相談します。候補が決まると、ツアーにかかる費用の見積もりを出してもらい、予算を超えていたら、出発する曜日を変えたり、食事の回数を見直したりします。その際、お客さまの期待にこたえられるよう、ホテルのランクは下げないようにするなどの配慮もします。

　ツアーの内容が決まったら、宣伝のためのパンフレット制作に入ります。お客さまに興味をもってもらえるよう、「1週間で3か国満喫！」「世界遺産都市に宿泊」など、そのツアーの売りとなるフレーズを考えます。定番のツアーの場合は写真やデザインなどで変化をつける工夫も必要です。パンフレットの内容がまとまると制作会社に送ってデザインを組んでもらい、上がってきたデザインを何度かチェックして完成させます。

　企画したツアーが販売されると、お客さまの集まり具合を見て、人数が足りなければSNSなどで発信して宣伝します。出発1か月前には、ホテルの調整やバスガイドの手配をしたり、滞在中の緊急対応を行ったりするオペレーショングループに対応が移るので、星野さんは、問い合わせがあれば対応しながら、ツアーの実施を見守ります。

企画を実現するため、同じ部署の人たちや関連部署の人たちと打ち合わせを重ねながら進めます。

企画がスムーズに進むよう、現地スタッフや添乗員とはオンラインで密に連絡を取り、企画内容の確認や調整を行います。

さまざまなスタッフと協力して旅をつくり上げていく

　企画したツアーが実施される前後は、現地スタッフやお客さまを案内する添乗員とのミーティングがあります。実施前はツアーの最中に注意してほしいことを伝え、終わったあとは、添乗員からツアーに参加したお客さまの感想やツアーの改善点などの報告を受けます。たとえば「このレストランは食事が出てくるまでに時間がかかるので移動時間が足りなかった」などです。星野さんは、聞いた内容をオペレーショングループや現地スタッフに伝えて改善できることはすぐに実施してもらい、次の企画にも活かしています。

　企画を実現するには、さまざまな人との協力が必要です。星野さんは、同じ企画グループのメンバーやオペレーショングループ、現地スタッフ、添乗員など、ツアーにかかわる人たちと密にコミュニケーションを取って、信頼関係を築くことを大事にしています。

　また、1年のうちにはたくさんのツアーが販売されます。星野さんも担当する国の企画を同時に10本以上かかえているので、どの企画もしめきりを考えて進める必要があり、自分はもちろん、かかわる人たちのスケジュール管理をしっかり行います。

星野純
さんの
1日

さまざまな旅行の企画や手配を同時に進めている星野さんの1日を見てみましょう。

子どもたちとの時間をつくるため、会社のフレックスタイム制を利用して、早く出勤。固定された席はないので、好きな席にすわります。

5:00	7:30	8:30
起床・朝食	出勤	企画を考える

22:30	20:30	18:00
就寝	家事	帰宅・夕食

家事をする時間は家族との時間でもあります。子どもたちの宿題をみたり、話をしたりします。

20:30

部署のスタッフがそ
ろったら、それぞれ
のスケジュールの確
認や進行の報告など
を行います。

企画したツアーの集
客がよくないという
報告があれば販売促
進のためSNSの発
信などを考えます。

パンフレットのレイ
アウトを考えたり、
ツアーのポイントと
なる宣伝のフレーズ
を考えたりします。

9:30
朝礼

10:00
部署のミーティング

11:00
パンフレット制作

12:00
昼食

16:30
退勤

16:00
情報共有

15:00
出発前ミーティング

13:00
パンフレットの確認

フレックスタイム制
を使って早めの時間
に退勤。週に3回は
家で、週に2回は会
社で仕事をします。

スタッフ間の情報共
有のため、ミーティ
ングの内容をオペレ
ーショングループに
も伝えます。

添乗員に、ツアー
出発前の注意事項を
伝えます。ツアーの
後には、報告を受け
ます。

ほかの企画のパンフ
レットデザインをチ
ェックします。気に
なる点は上司に確認
を取ります。

星野純さんをもっと

どうしてこの仕事につこうと思ったのですか？

　中学生のときにはじめての海外旅行でカナダに行き、見るものすべてに感激したのがきっかけです。大学生になると、アルバイトでお金をためては個人旅行や短期留学で世界中の国に行きました。そこでいろいろな景色を見ては感動して、その感動をほかの人たちにも伝える仕事をしたいと思うようになりました。会社に入る前は、観光ガイドや旅行のツアーを企画する仕事だけをイメージしていました。でも、入社後に配属された手配商品事業部での仕事は、ほかの旅行会社が企画したヨーロッパ旅行の手配をうけ負うなど、旅行会社には企画以外にも興味深くて魅力的な仕事があると気づきました。このときに密にやりとりをしていた現地スタッフとは、企画の部署に異動してからもかかわることになり、信頼関係を築けていたことで、スムーズにやりとりができています。

この仕事で大変なことは何ですか？

　ツアーの企画を立てるときには、日本ではあまり知られていない場所やその国の魅力的な場所、おいしい食事など、あれもこれも入れたいと考えます。しかし予定した料金を超えてしまうことがたびたびあります。そうすると、当然企画の内容を見直さなければい

けないのですが、どれを削ればツアーの価値を落とさずにすむのかとてもなやみます。ツアーを企画するうえでよくある、大変なことの１つです。

　また、会社員として仕事と子育てを両立するのも大変でした。今は家で仕事ができるリモートワークや、仕事をはじめる時間と終わる時間を決められるフレックスタイム制がありますが、以前は決まった時間に出社して仕事をすることがほとんどでした。保育園の送りむかえも時間が決まっているし、子どもが急に体調が悪くなって仕事を休まなければならない日もあって、何度も仕事を辞めようかと迷いました。今は子どもが３人とも小学生になって保育園の送りむかえがなくなり、リモートワークやフレックスタイム制を利用しながら効率よく仕事をすることで、仕事と子育てを両立できるようになりました。

この仕事をしていて印象に残っていることは？

　コロナ禍で海外旅行が困難なとき、何か新しいことをはじめようと、部署のメンバーと相談してオンラインツアーを企画したんです。お客さまにワインを送り、現地のワイン醸造所の様子をオンラインでつないで紹介するというもので、フランスではじめてみて好評だったのでスペインでも行い、お客さまに喜んでもらえました。また、海外旅行が再開されたあと、そのときにつながりができたホテルを使った企画も立てました。

知りたい

> 仕事でうれしいと思うのは
> どんなときですか？

　お客さまから直接感想をいただくのは添乗員なのですが、ツアーが終わったら、必ず現地スタッフや添乗員からどのような感想をいただいたか報告を受けます。たとえば、「こういうツアーだと、ふつうは最終日までいそがしく回るのでつかれるけど、このツアーは最後の3日間をホテルでゆっくりすごせてよかった」といったお客さまの感想を聞くと、自分が企画した旅行を喜んでもらえたことがわかり、とてもうれしい気持ちになります。また、自分の企画したツアーにお客さまが集まって大人気だといわれたときは、心のなかでガッツポーズをしてしまいましたね。

ダイキからの質問

> 英語や地理が苦手でも
> 大丈夫ですか？

　海外の現地スタッフとしてはたらきたい場合は語学力があるといいですが、入社後に研修もあるのでやる気があれば大丈夫です。地理も、担当の地域ができたら自然と頭に入るでしょうし問題ありません。わたしのまわりは歴史が好きな人のほうが多くいます。地理よりも観光地の歴史や、そこを舞台にした芸術などに興味をもっているほうが、お客さまが行きたいと思う魅力的な旅行を考えられるのではないかと思います。

わたしの仕事道具
10月はじまりの手帳

　多くの企画が同時に動いているので、スケジュール管理のためにいつももっています。次の年の上半期（4〜9月）に販売するツアーの企画をはじめるのが10月なので、10月はじまりの手帳を使っています。

教えてください！

旅行会社スタッフの未来はどうなっていますか？

　技術の進歩によってバーチャルで旅行ができる時代が来るかもしれませんが、実際に旅行をする楽しさにはかなわないでしょう。お客さまが満足する旅行を考え提供する仕事はなくならないと思います。

みなさんへの
メッセージ

　テレビなどで「ここはどこだろう」と興味がわいた景色があったら、調べたり行ってみたりしてください。日本にも世界にも見たことがない場所や文化、歴史はたくさんあります。好奇心を大切にしてください。

明日の空へ、日本の翼
JAL
JAPAN AIRLINES

星野純さんの今までとこれから

プロフィール

1978年、東京都生まれ。初の海外旅行でカナダが好きになり世界中を回るように。カナダでの観光ガイドなどを経てJALPAK International Europe（のちに会社の統合でジャルパックに）に入社しました。手配商品事業部で手配の仕事をしたのち、2019年からヨーロッパ旅行の企画担当になりました。

1978年誕生

10歳

友だちとお出かけクラブをつくり、1か月に1回、地域のガイドブックを見て、決めた場所に子どもだけでお出かけをしていた。

今につながる転機

14歳

生まれてはじめての海外旅行でカナダに行き、見るものすべてに感動。このときから、いつかカナダではたらこうと決意する。

旅行会社勤務を経て、夢だったカナダで、3年間、観光ガイドの仕事をする。今でもカナダは大好きな国。

18歳

大学生時代はアルバイトでお金をためては、短期留学や個人旅行で世界中を回り、語学留学もした。

25歳

3人の子どもに恵まれて、仕事と育児の両立で奮闘する毎日を送るようになる。末っ子が小学校に上がるまで保育園の送りむかえもしていた。

29歳

JALPAK International Europeに入社する。その後、会社が統合されてジャルパックではたらくようになる。旅行を手配する仕事をしていた。

37歳

40歳のときにヨーロッパ旅行の企画を担当するように。その国の魅力が伝わる旅行を考え、お客さまにとどけている。

現在

44歳

未来

65歳

この仕事で得たスキルを活かして、海外から日本に来て、生活している人の助けになるようなボランティア活動をしたい。

星野純さんがくらしのなかで大切に思うこと

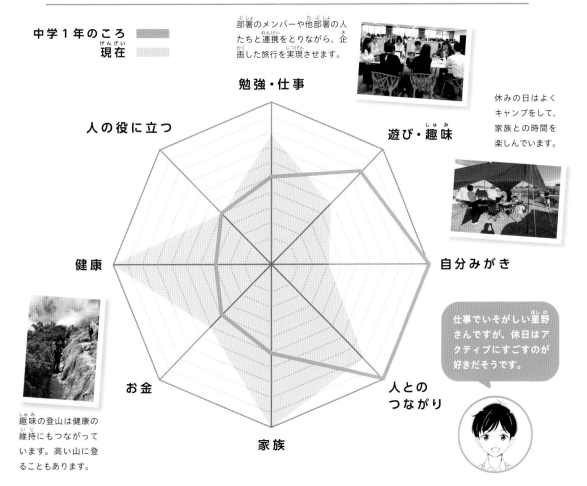

中学1年のころ

現在

勉強・仕事

部署のメンバーや他部署の人たちと連携をとりながら、企画した旅行を実現させます。

遊び・趣味

休みの日はよくキャンプをして、家族との時間を楽しんでいます。

人の役に立つ

自分みがき

仕事でいそがしい星野さんですが、休日はアクティブにすごすのが好きだそうです。

健康

人とのつながり

趣味の登山は健康の維持にもつながっています。高い山に登ることもあります。

お金

家族

星野純さんが考えていること

子どもとの時間をつくるためはたらき方を工夫する

わたしには子どもが3人いて、去年、末っ子も小学生になりました。まだ全員子どもですが、成長するにしたがって、どんどん子どもたちの世界は広がり、親とすごす時間が少なくなってきています。だからこそ今は、一緒にいられる時間を増やしたいので、はたらき方を工夫しています。週2回は会社、週3回は家で勤務することもそうですし、フレックスタイム制を利用して、早く出社して早く退勤するのも家族との時間をつくるためです。

ツアーの企画はいくつも同時に進むことがあり、しなければならないことはたくさんありますが、どのタスク（やるべき作業）から取りかかればいいのか優先順位をつけて効率よくはたらくことは、この仕事をするうえで、また3人の子どもとの時間をつくるためにも、とても大切なことだと考えています。

PHOTOGRAPHER

写真家

何か資格が
必要なの？

？

1年でどのくらい
旅をしているの？

？

どんなカメラを
使えばいいの？

？

撮影地は
どうやって
決めるの？

？

写真家ってどんなお仕事？

写真家は、カメラなどの撮影機器を使い、写真を撮ることで収入を得る職業です。フォトグラファー、カメラマンといったよび方もあります。また、写真家という仕事は、大きく2つの種類に分かれています。1つは、自分で撮影のテーマを決め、芸術性の高い写真を撮り、アーティストとして活動する写真家です。もう1つは、企業や個人などから依頼を受けて、広告写真や結婚式の写真といった商業写真を撮る写真家で、両者では仕事の内容や撮影の目的が異なりますが、両方の仕事をこなしている写真家もいます。風景、スポーツ、ファッション、食べ物、ニュースにかかわる写真など、撮影するジャンルはさまざまで、テーマや依頼の内容に合わせて撮影を行います。

給与
（※目安）

21 万円
くらい〜

写真家のはたらき方はさまざまで、企業に所属する場合もあればフリーランスで活動している人もいます。撮るものや経験、知名度によっても収入が変わります。

※既刊シリーズの取材・調査に基づく

写真家に
なるために

ステップ①

学校や独学で
写真について学ぶ

専門学校や大学に通うか、自分自身で情報を集めて、写真の撮り方などを学ぶ。

ステップ②

撮影現場での
経験を積む

好きなものを撮影したり、先輩写真家のアシスタントをするなど、現場で経験を積む。

ステップ③

写真家として
活動をする

写真スタジオや出版社などではたらくか、フリーランスの写真家として活動をする。

こんな人が向いている！

・芸術に興味がある。

・感性が豊か。

・人と交流するのが好き。

・判断力がある。

・体力に自信がある。

もっと知りたい

写真家に必要な資格はありません。アシスタントやアルバイトを経て独立する人もいれば、フォトコンテストなどに応募して実績を積む人などもいます。知識の1つとして、フィルム写真をあつかう写真技能士の国家資格などを取得する人もいます。

人間は見たモノや風景を忘れていってしまう生き物だからこそ、忘れたくないと思った瞬間を写真におさめます。

写真家 石川直樹さんの仕事

だれも撮影したことのない景色を さがして撮影する

石川直樹さんは、世界のさまざまな場所を旅しながら写真を撮影し、作品を発表している写真家です。10代のころから旅を続け、旅先でたくさんの写真を撮ってきました。石川さんは「ほかの写真家が撮ったことがないもの」「だれも行ったことがない場所」をさがし、撮影のテーマにしています。石川さんの活動の根底にあるのは、「未知の世界に出あいたい」という思いで、自分の知らない世界に出あったときのおど

ろきを写真のなかにおさめているのです。

撮影のテーマを決めるには、まず興味を引かれた場所やものについて、たくさんの書籍やインターネットを使ってできる範囲で調べつくします。それでもわからないものや、情報があまり出てこないような場所を、次の写真のテーマに選ぶのです。こうして旅の目的地を決めると、カメラをたずさえて出発します。

旅先には計画を決めすぎずに向かい、現地で情報を集めます。現地の人と積極的にかかわり、情報をもらいながら撮影することに意味があると考えているのです。撮影ではすごいなと思った瞬間、体が反応するの

36

にまかせて撮ることを大切にしています。

撮影は、主にフィルムのカメラで行います。フィルムはデジタルカメラとちがい、撮影できる枚数が限られ、消すこともできず、どんな写真が撮れたのかはフィルムを現像するまでわかりません。だからこそ、旅先での出あいやその時々の感覚がフィルムに色濃く残るのです。また、石川さんは、中判カメラという少し大きめのフィルムが使えるカメラを愛用しています。大きめのフィルムのほうが、写真展などで写真を大きく引きのばして展示したいときに、きれいに印刷できるからです。1か月ほどの撮影期間で、大きなフィルムを60本、小さいフィルムを100本ほどもっていくようにしています。大きなフィルムは1本で10枚しか撮れません。石川さんは、一期一会の瞬間を大事にし、1枚1枚をていねいに撮るように心がけています。

旅の写真を多くの人に見てもらい未来へ記録として残す

旅を終え、日本にもどってきたあとは、フィルムを現像する作業を行います。フィルムを現像したあと、フィルムを通過した光を印画紙にあててプリントすることを「焼く」ともいいます。まずは、コンタクトシートという、撮影した写真をすべて一覧にまとめたも

六つ切りに焼いた写真を見て個展に出す写真を選びます。ずっと先の未来にも記録として残ることを意識して選んでいます。

展覧会でのギャラリートークでは、作品を見に集まった人たちに展覧会のテーマや作品の内容について説明します。

のをつくり、そこから150枚ほどを選んで、六つ切りという203×254ミリメートルのサイズに焼いていきます。この150枚を使い、写真集のページ構成や、展覧会の展示内容を考えます。写真集や展覧会で多くの人に写真を見てもらうことも大事な仕事です。

写真集や展覧会の写真を選ぶときは、未来に記録として残ることを考え、自分の思い入れの強さだけで選んでしまわないよう、選んだ写真を信頼できる写真家や編集者などにも見てもらって決めます。

写真集をつくる場合、自分から出版社に写真集の提案をすることもあれば、出版社から「写真集をつくりませんか？」と誘いが来ることも多くあります。出版が決まると、誌面をつくるデザイナーや、担当の編集者と相談し、どんなデザインにするか、表紙にする写真はどれがいいかといったことを相談して決めていきます。美術館などで行われる展覧会の場合は、その会場の学芸員などと、展覧会の内容について打ち合わせを行います。展覧会のテーマや、タイトルを決め、展示室のサイズや壁の大きさ、高さに合わせ、どの順番でどんな写真を、どんな大きさで展示するのかといったことを考えてつくっていきます。

また、石川さんは講演会で写真の説明や旅の体験を話したり、大学で講義を行ったりするなど、多くの人に写真のおもしろさを伝える活動もしています。

9:45

石川直樹さんの 1日

撮影の旅から帰ってきて、写真を選んだり、現像に出したりする石川さんの1日を見てみましょう。

東京都・中目黒の事務所に向かいます。写真は旅の区切りごとに整理して事務所に保管しています。

8:00
起床・朝食

9:45
事務所に移動

21:00
入浴・就寝

20:00
メールチェック

美術館やギャラリー、出版社など、さまざまなところから連絡が来るので、その確認をします。

10:00　　　　　　　　　　　　　　　11:30

撮影した写真をなら
べて、展覧会で展示
する写真や、写真集
に掲載する写真を選
んでいきます。

撮影のテーマを決め
るため資料となる書
籍に目を通します。
図書館や書店を利用
したりもします。

撮影したフィルムの
現像をラボ（現像所）
に依頼。枚数や大き
さを指示してプリン
トしてもらいます。

10:00
写真選び

11:30
調べもの

12:00
昼食

13:00
ラボで発注

19:00
帰宅・夕食

16:00
撮影

15:00
展覧会の打ち合わせ

日ごろからカメラをもち歩き、依
頼された写真を撮ったり、心がお
もむくままに街や景色などを撮影
したりしています。自分の視点を
大切にしてシャッターを切ります。

展覧会の会場で学芸
員と打ち合わせをし
ながら、展示のイメ
ージや構成などを決
めていきます。

15:00

13:00

INTERVIEW インタビュー

石川直樹さんをもっと

写真家をめざした きっかけは何ですか?

小学生のころから本を読むことが好きで、特に探険や冒険の本を読んできました。はじめて海外にひとり旅をしたのは高校2年生の夏休みのことです。目的地はインドとネパール。治安の問題から、両親に心配されましたが、反対を押し切って出発しました。空港に着いたときからおどろきの連続で、タクシーの客引きや、喫茶店の前を歩くゾウ、ガンジス川に流れる動物や人の死体など、強い衝撃を受けましたね。日本では見られないような景色があり、だれもがそれを当たり前に受け入れている。安宿を泊まり歩きながら「世界っておもしろいな」と思ったんです。

この経験を経て、これからも旅を続けていきたいと思い、そのためにはどうしたらいいかを考えるようになりました。そして、フリーランスで自由に旅ができ、旅と直結している仕事として、写真家が思いうかんだんです。人があまり行かないような場所に行き、そこで写真を撮っていろいろな人に見せることができたらいいなと思いました。

写真家になるために どんな努力をしましたか?

ぼくの場合は、自分の撮った写真や文章をまとめ、いくつも雑誌の出版社にもち込みました。まだ実績の

ない若者だったのですが、10社に1社くらいは、おもしろがってくれて旅費を出してくれることがあったんです。そのお金で、アフリカに行ったり、ロシアで山に登ったりして、各地の写真を撮りました。

そうして撮影した写真が雑誌にのったり、本になったりすると、それが名刺の代わりになります。こうした活動を積み重ねてきて、今も続いているという感じですね。

この仕事をしていて やりがいを感じる部分は?

自分が死んでしまっても、自分が撮った写真は何十年、何百年と残ります。かつてそこにあったものを写真に残すことで、後世の人が過去の世界を知ることができる。写真には、ずっと先の未来に果たす役割があるんです。そういうところにやりがいを見出していますね。未来のだれかが、この写真に触れて、どれだけの情報を写真から引き出せるだろうかということは、いつも頭のすみにあります。展覧会や本の出版を通じて写真を見た人が反応をくれるのもうれしいです。

撮影の旅で印象に残っている できごとはありますか?

以前、鹿児島県の与論島という島に撮影に行ったことがありました。そのとき、島に住んでいたおじいさ

知りたい

んを撮影したんです。それから 10 年後くらいにもう一度島に行くと、おじいさんはすでに亡くなっていました。けれど、奥さんはまだご存命で、写真をわたしたら泣いて喜んでくれたんです。

　写真には、かつてそこにあったものが記録されています。撮影をしたものがこわれたりなくなったり、年老いてしまっても、写真はその瞬間を切り取って写しとどめることができる。それはすごいことだと思うんです。今はスマートフォンなどでだれでも写真が撮れる時代になり、当たり前のことになっていますが、自分にとって写真は、瞬間を止める魔法のようなものだと思っています。

ダイキからの質問

**カメラは高いものを
買ったほうがいいの?**

　カメラは何でもいいので、出あいと自分が何をしていきたいかで選べばいいと思います。大きく引きのばした写真をつくりたいなら高性能なカメラが必要だし、小さいサイズの写真集がつくりたいならスマートフォンでも十分です。ぼくは、昔からフィルムのカメラを使っていますが、あえてフィルムにする必要もまったくありません。スマートフォンでしか撮れない写真もありますし、自分の目的に合うカメラを選んで、どんどん撮ってみるといいですよ。

わたしの仕事道具

カメラとフィルム

一番多く使用しているのが、プラウベルというフィルムカメラです。使いやすさも写りもよいと感じています。同じ機種が 4 台あって、それ以外にも 15 台くらいのカメラがあり、用途によって使い分けています。

教えてください!

写真家の未来は
どうなっていますか?

写真家という職業はなくならないと思いますが、特別な技術が必要な仕事というものではなくなるかもしれません。フィルムは生産量が減って値段も高くなっているので、いずれなくなると思っています。

みなさんへの
メッセージ

写真には偶然をよび込む力があり、自分が意図していないものが写り込むんです。だからこそ、構図などは気にせずに、自分なりの視点を大切にして、自分がいいと思ったものをたくさん撮ってください。

石川直樹さんの今までとこれから

プロフィール

1977年、東京都生まれ。早稲田大学第二文学部を卒業。写真家として活動をしながら、2008年に東京藝術大学大学院美術研究科博士後期課程を修了。人類学、民俗学の分野に関心をもち、辺境から都市まであらゆる場所を旅しながら作品を発表し続けています。著書に『奥能登半島』（青土社）など。

高校2年生の夏休みに、インドとネパールへ行く。はじめての海外ひとり旅で、多様な世界に触れる。

エベレストに登頂し、地球上の7つの大陸それぞれの最高峰すべてに登頂した。当時、世界最年少での登頂達成だった。

水戸芸術館からはじめて、全国5か所の美術館で個展を開催する。

標高8000メートル峰13座に登頂するなど、撮影を続けている。イタリアの美術館で個展を開催する。

1977年誕生

6歳

14歳

今につながる転機

17歳

22歳

23歳

25歳

33歳

39歳

現在

46歳

未来

60歳

幼いころの将来の夢は飛行機のパイロットだった。理由は、飛行機で旅ができると思ったから。

坂本龍馬の本を読み、龍馬の故郷である高知県まで、東京からはじめてのひとり旅をする。

スキーや自転車など人力で旅をする国際プロジェクト『POLE TO POLE』に参加し、北極から南極まで1年がかりで地球を縦断した。

東京藝術大学大学院に入学。写真と美術を学び、展覧会などを開催する。

エベレストに2度目の登頂を果たす。国内の権威ある写真賞である土門拳賞を受賞する。

写真を撮り続けながら、のんびりとくらしたい。

石川直樹さんがくらしのなかで大切に思うこと

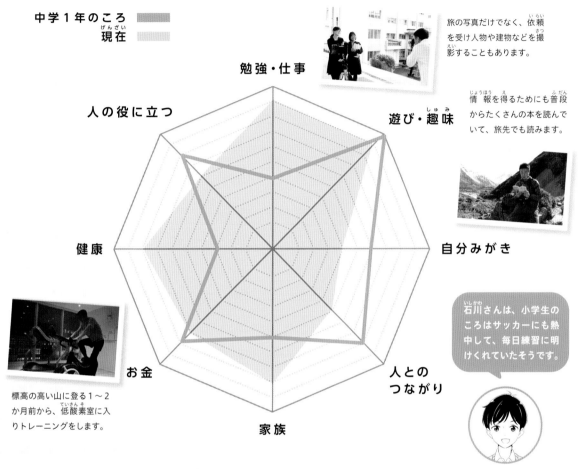

中学1年のころ

現在

勉強・仕事

遊び・趣味

旅の写真だけでなく、依頼を受け人物や建物などを撮影することもあります。

情報を得るためにも普段からたくさんの本を読んでいて、旅先でも読みます。

人の役に立つ

自分みがき

健康

石川さんは、小学生のころはサッカーにも熱中して、毎日練習に明けくれていたそうです。

お金

人とのつながり

標高の高い山に登る1〜2か月前から、低酸素室に入りトレーニングをします。

家族

石川直樹さんが考えていること

自分が記録に残したいものを正直に撮影していきたい

「好きこそものの上手なれ」ということわざがあります。好きなことであれば、おのずと熱中できるため上達が早いという意味です。ですから、写真を撮影するときも、自分が好きなもの、関心があるものを撮らないといけないと思っています。そうした自分の好きなものを見つけるためには、いろいろな

世界に関心をもち、アンテナをはっておくことが大切です。お金がどうのとかはあまり考えず、とにかく自分がやってみたいこと、記録に残したいことを正直に撮影していきたいと思っています。

写真家は、家のなかにこもっていては写真を撮ることができません。だから、いろいろな場所を歩き続けていかないといけない。そのためには健康であることも大事になります。これからもずっと、歩き続けていきたいですね。

ジブン未来図鑑 番外編

旅が好き！
な人にオススメの仕事

この本で紹介した、登山ガイド、アウトドアブランド経営者、旅行会社スタッフ、写真家以外にも、「旅が好き！」な人たちにオススメの仕事はたくさんあります。ここでは番外編として、関連のある仕事をさらに紹介していきます。

▶職場体験完全ガイド ⑤ p.3 とあったら
「職場体験完全ガイド」（全75巻）シリーズの5巻3ページに、その仕事のくわしい説明があります。学校や図書館にシリーズがあれば、ぜひチェックしてみてください。

ツアーコンダクター

（こんな人が向いている！）

- 状況に応じて的確に判断ができる
- 予定通りに物事を進められる
- 人からよく気が利くと言われる

（こんな仕事）

旅行会社が主催する旅行に、出発から帰着まで同行する仕事です。ツアーの責任者として参加者の引率や安全確認、注意事項の案内をし、現地スタッフとのスケジュール確認なども行います。

（ツアーコンダクターになるには）

旅程管理主任者の資格取得が必要です。日本添乗サービス協会（TCSA）が交付する国内旅程管理主任者と総合旅程管理主任者の資格があります。取得後、旅行会社などに就職してはたらきます。

▶職場体験完全ガイド ㊳ p.3

通訳案内士

（こんな人が向いている！）

- 日本の歴史や文化に興味がある
- 外国語で人と交流してみたい
- 困ったときにも臨機応変に対応できる

（こんな仕事）

日本を訪れる外国人に付き添い、外国語で旅行の案内を行う仕事です。観光スポットの案内のほか、旅行のスケジュール管理、宿泊先の確認も行い、病気やけが、落とし物などのトラブルにも対処します。

（通訳案内士になるには）

国家試験である全国通訳案内士試験に合格して、全国通訳案内士資格を取得する必要があります。その後、旅行代理店や日本観光通訳協会などに登録して、仕事を紹介してもらい、フリーランスとしてはたらくのが一般的です。

▶職場体験完全ガイド (51) p.13

バスガイド

（ こんな人が向いている！ ）
・乗り物が好き
・人とコミュニケーションをとるのが得意
・歴史や地理の科目が得意

（ こんな仕事 ）
　観光客と一緒にバスに乗り、旅の案内をする仕事です。主に団体旅行や修学旅行のガイドを行います。自分の実感や経験を踏まえながら観光地に関する情報を紹介します。運転手とのコミュニケーションや、お客さんをもてなすスキルがもとめられます。

（ バスガイドになるには ）
　観光バス会社や私鉄バス会社に就職するのが一般的です。バスガイドに必要な資格は特にありませんが、旅行地理検定協会が実施している旅行地理検定試験を受けて合格すると仕事に役立ちます。

▶職場体験完全ガイド ㉝ p.25

ホテルスタッフ

（ こんな人が向いている！ ）
・人と接することが好き
・人に喜んでもらうことが好き
・掃除や片づけをするのが得意

（ こんな仕事 ）
　ホテルの宿泊客にさまざまなサービスを提供する仕事です。宿泊客を迎えたり、手荷物を運んで部屋に案内したり、宿泊の予約手続きや部屋の割り振り、宿泊料の精算などを行ったりします。フロント係やコンシェルジュなどの役割分担があります。

（ ホテルスタッフになるには ）
　ホテルや観光関連の学科をもつ専門学校や大学を卒業して就職する場合が多いです。日本ホテル教育センターが行うホテルビジネス実務検定試験に合格し、資格を取得すると就職に有利です。

▶職場体験完全ガイド ⑮ p.15

旅行ガイド編集者

（ こんな人が向いている！ ）
・物事の計画を立てるのが好き
・全国のおいしいものに関心がある
・チームワークを活かした活動が得意

（ こんな仕事 ）
　旅行に関する本や雑誌をつくる仕事です。日本や外国の観光情報や文化、グルメなど、多くの旅行者が興味をもつような企画を考えます。企画が決まると、旅行ライターやカメラマン、イラストレーター、デザイナーなど多くのスタッフに仕事を依頼し、とりまとめて1冊の本に仕上げていきます。

（ 旅行ガイド編集者になるには ）
　短大・専門学校・大学卒業後、編集プロダクションや出版社の採用試験を受けて入社します。その後、経験を積んでフリーランスの編集者として独立する人もいます。

旅行ライター

（ こんな人が向いている！ ）
・文章を書くのが好き
・流行しているものに興味がある
・調べものをするのが得意

（ こんな仕事 ）
　旅行者のために、その土地の情報を取材し、書籍や雑誌、ウェブサイトなどの原稿を書く仕事です。名所旧跡や名産品、宿泊施設、グルメなど、取材した最新の情報を記事にしていきます。また、治安や物価、旅を楽しむコツなども盛り込んで、旅行者にとって役立つ情報を提供します。

（ 旅行ライターになるには ）
　マスコミ専門学校などで旅行ライターの養成講座を受講しましょう。その後編集プロダクションや出版社の採用試験を受けて就職するのが一般的です。またフリーランス契約を結ぶ場合もあります。

地方自治体の観光課職員

（こんな人が向いている！）

・自分の住んでいる街が好き
・責任感が強い
・約束をきちんと守ることができる

（こんな仕事）

　都道府県庁、市役所、区役所などに勤務し、観光客を誘致するためにその自治体のPRを行う仕事です。さまざまなイベントを主催したり、イベント主催団体などに補助金を交付したり、民間企業と連携して観光プロモーションを行ったりします。国内や海外へ出張して、訪問先で自治体の魅力を伝える宣伝を行うこともあります。

（地方自治体の観光課職員になるには）

　高校・短大・大学卒業後、地方公務員の採用試験を受けて合格すれば職員として採用されます。地方公務員の配属先の部署は2～3年で変わり、自分の意向だけでは決まらない場合もあります。

外国政府観光局職員

（こんな人が向いている！）

・外国語を学びたい
・人前で発表することが得意
・外国の歴史や文化に興味がある

（こんな仕事）

　外国の政府や州が日本国内に置く政府観光局に勤務して、多くの日本人が訪ねてくれるように、その国の情報を提供したり、広告や宣伝を行ったりする仕事です。旅行者や企業への情報提供、ウェブサイトの運営、マーケティングなどを行います。

（外国政府観光局職員になるには）

　職員の公募はホームページや英字新聞などで告知されます。特に必要な資格はないですが、大学などでその国の公用語と英語を学び、その国の地理や歴史、文化を理解しておく必要があります。

▶ 職場体験完全ガイド ㊳ p.37

「職場体験完全ガイド」で紹介した仕事

「旅が好き！」な人が興味を持ちそうな仕事をPICK UP！

こんな仕事も…

観光庁職員／鉄道会社の職員／
航空会社の職員／クルーズ船のクルー

関連のある仕事や会社もCHECK！

関連のある仕事

関連のある会社

観光地ではたらいたり、旅人のサポートをしたり、はたらき方もいろいろだね。

仕事の未来地図
旅が好き！

旅が多様化して
宇宙旅行も身近になる

　未来の旅のキーワードは「多様化」です。まず、旅の目的が多様化します。ただ観光するだけでなく、地域の人と触れ合ったり、ボランティアをしたりすることを目的に旅をする人がさらに増えると予想されています。仕事をしながら旅をする「ワーケーション」をする人も増えることでしょう。

　旅行先も多様化し、深海や宇宙への旅も身近になります。そのため、海洋学や宇宙科学などを学んだ人が、旅にかかわる仕事をするようになるかもしれません。

VRで観光地の宣伝や
プロデュースをする仕事が増える

　今後は、旅行のさまざまな場面でVR（仮想現実）が当たり前のように使われるようになるでしょう。旅行前にVRで観光を体験してもらったり、観光地の紹介にVRを使ったりするようになります。

　また、多様化する旅行客のニーズをくみ取って、新しい名所を見つけて観光地をプロデュースしたり、高齢者や障がいのある人の旅行に介護者として付き添いながらガイドしたりと、旅に関連する仕事も多様化していくでしょう。

⋯⋯⋯ これから注目の職業‼ ⋯⋯⋯

　旅の多様化が進むと、旅行会社スタッフの活躍の場も増えるでしょう。宇宙旅行の案内や観光地のプロデュースを担当するようになるかもしれません。また、登山グッズやキャンプ用品などを製造・販売するアウトドアブランドも、旅の多様化に合わせたウエアやグッズを販売するようになるでしょう。

⋯⋯ 未来のために身につけておきたい3つのスキル ⋯⋯

1
海外の人と話すための
語学力

今後は海外からの観光客がいっそう増えると予想されています。どの国の人でも案内できるように、さまざまな言語を話す能力がより必要になるでしょう。

2
宇宙旅行も案内できる
幅広い知識

宇宙旅行や深海旅行を案内するには、宇宙科学や海洋学をはじめとして、さまざまな勉強が必要です。いろいろな本を読み、知識を手に入れましょう。

3
さまざまな人との
コミュニケーション能力

さまざまな国の人や、高齢者や障がいをもつ人などの旅行へのサポートが増えていきます。快適な旅をしてもらうためにコミュニケーション能力が欠かせません。

取材協力

株式会社 ジャルパック
株式会社 ナチュラルスタイル
株式会社 STATICBLOOM
島田ガイド事務所
千代田区立 日比谷図書文化館
有限会社 フォトグラファーズ・ラボラトリー

撮影協力

上之段裕子
前田敦子

スタッフ

イラスト	加藤アカツキ
ワークシート監修	株式会社 NCSA
	安川直志（キャリアデザインアドバイザー）
	安川志津香（キャリアデザインアドバイザー）
編集・執筆	青木一恵　　安藤鞠
	嘉村詩穂　　菅原嘉子
	田口純子　　吉田美穂
	若林理央
校正	菅村薫　　別府由紀子
撮影	大森裕之　　佐藤れいこ
	竹内洋平　　橋詰芳房
デザイン	パパスファクトリー
編集・制作	株式会社 桂樹社グループ
	広山大介

ジブン未来図鑑 職場体験完全ガイド＋ ⑮ 旅が好き！

登山ガイド・アウトドアブランド経営者・旅行会社スタッフ・写真家

発行　2024年4月　第1刷

発行者　加藤 裕樹
編集　　湧川 依央理、柾屋 洋子
発行所　株式会社 ポプラ社
　　　　〒141-8210
　　　　東京都品川区西五反田3-5-8
　　　　JR目黒MARCビル12階
ホームページ　www.poplar.co.jp（ポプラ社）
　　　　kodomottolab.poplar.co.jp（こどもっとラボ）
印刷・製本　図書印刷株式会社

©POPLAR Publishing Co.,Ltd. 2024
ISBN978-4-591-18094-5
N.D.C.366／47P／27cm
Printed in Japan

あそびをもっと.
まなびをもっと.

?!

こどもっとラボ

ポプラ社はチャイルドラインを応援しています

18さいまでの子どもがかけるでんわ

チャイルドライン®
0120-99-7777
毎日午後**4時**〜午後**9時** ※12/29〜1/3はお休み

電話代はかかりません
携帯（スマホ）OK

18さいまでの子どもがかける子ども専用電話です。
困っているとき、悩んでいるとき、うれしいとき、
なんとなく誰かと話したいとき、かけてみてください。
お説教はしません。ちょっと言いにくいことでも
名前は言わなくてもいいので、安心して話してください。
あなたの気持ちを大切に、どんなことでもいっしょに考えます。

チャット相談は
こちらから

自分の未来を「好き」から選ぶ、キャリア教育の新定番!

ジブン未来図鑑

職場体験完全ガイド＋ N.D.C.366（キャリア教育）

全 **15** 巻

第 1 期

❶ 食べるのが好き!
パティシエ・シェフ・すし職人・料理研究家

❷ 動物が好き!
獣医・トリマー・動物飼育員・ペットショップスタッフ

❸ おしゃれが好き!
ファッションデザイナー・ヘアメイクアップアーティスト・スタイリスト・ジュエリーデザイナー

❹ 演じるのが好き!
俳優・タレント・アーティスト・ユーチューバー

❺ デジタルが好き!
ゲームクリエイター・プロダクトマネージャー・ロボット開発者・データサイエンティスト

第 2 期

❻ スポーツが好き!
サッカー選手・野球監督・eスポーツチーム運営・スポーツジャーナリスト

❼ 子どもが好き!
小学校の先生・保育士・ベビーシッター・スクールソーシャルワーカー

❽ 医療が好き!
医師・看護師・薬剤師・診療放射線技師

❾ アニメが好き!
イラストレーター・アニメーター・声優・ボカロP

❿ 宇宙が好き!
宇宙飛行士・星空写真家・宇宙開発起業家・天文台広報

第 3 期

⓫ 助けるのが好き!
警察官・消防官・臨床心理士・介護福祉士

⓬ 自然が好き!
農家・バイオテクノロジー研究者・林業従事者・建築家

⓭ ホラーが好き!
ホラー小説家・歴史学者・オカルト編集者・お化け屋敷プロデューサー

⓮ アートが好き!
現代美術家・キュレーター・映像作家・美術の先生

⓯ 旅が好き!
登山ガイド・アウトドアブランド経営者・旅行会社スタッフ・写真家

仕事の現場に完全密着! 取材にもとづいた臨場感と説得力!!

職場体験完全ガイド

N.D.C.366（キャリア教育）

全 **75** 巻

第 1 期

❶ 医師・看護師・救急救命士 ❷ 警察官・消防官・弁護士 ❸ 大学教授・小学校の先生・幼稚園の先生 ❹ 獣医師・動物園の飼育係・花屋さん ❺ パン屋さん・パティシエ・レストランのシェフ ❻ 野球選手・サッカー選手・プロフィギュアスケーター ❼ 電車の運転士・パイロット・宇宙飛行士 ❽ 大工・人形職人・カーデザイナー ❾ 小説家・漫画家・ピアニスト ❿ 美容師・モデル・ファッションデザイナー

第 2 期

⓫ 国会議員・裁判官・外交官・海上保安官 ⓬ 陶芸家・染めもの職人・切子職人 ⓭ 携帯電話企画者・ゲームクリエイター・ウェブプランナー・システムエンジニア（SE） ⓮ 保育士・介護福祉士・理学療法士・社会福祉士 ⓯ 樹木医・自然保護官・風力発電エンジニア ⓰ 花卉農家・漁師・牧場作業員・八百屋さん ⓱ 新聞記者・テレビディレクター・CMプランナー ⓲ 銀行員・証券会社社員・保険会社社員 ⓳ キャビンアテンダント・ホテルスタッフ・デパート販売員 ⓴ お笑い芸人・俳優・歌手

第 3 期

㉑ 和紙職人・織物職人・蒔絵職人・宮大工 ㉒ 訪問介護員・言語聴覚士・作業療法士・助産師 ㉓ 和菓子職人・すし職人・豆腐職人・杜氏 ㉔ ゴルファー・バレーボール選手・テニス選手・卓球選手 ㉕ テレビアナウンサー・脚本家・報道カメラマン・雑誌編集者

第 4 期

㉖ 歯科医師・薬剤師・鍼灸師・臨床検査技師 ㉗ 柔道家・マラソン選手・水泳選手・バスケットボール選手 ㉘ 水族館の飼育員・盲導犬訓練士・トリマー・庭師 ㉙ レーシングドライバー・路線バスの運転士・バスガイド・航海士 ㉚ スタイリスト・ヘアメイクアップアーティスト・ネイリスト・エステティシャン

第 5 期

㉛ ラーメン屋さん・給食調理員・日本料理人・食品開発者 ㉜ 検察官・レスキュー隊員・水道局職員・警備員 ㉝ 稲作農家・農業技術者・魚屋さん・たまご農家 ㉞ 力士・バドミントン選手・ラグビー選手・プロボクサー ㉟ アニメ監督・アニメーター・美術・声優

第 6 期

㊱ 花火職人・筆職人・鋳物職人・桐たんす職人 ㊲ 書店員・図書館司書・翻訳家・装丁家 ㊳ ツアーコンダクター・鉄道客室乗務員・グランドスタッフ・外国政府観光局職員 ㊴ バイクレーサー・重機オペレーター・タクシードライバー・航空管制官 ㊵ 画家・映画監督・歌舞伎俳優・バレエダンサー

第 7 期

㊶ 保健師・歯科衛生士・管理栄養士・医薬品開発者 ㊷ 精神科医・心療内科医・精神保健福祉士・スクールカウンセラー ㊸ 気象予報士・林業作業士・海洋生物学者・エコツアーガイド ㊹ 板金職人・旋盤職人・金型職人・研磨職人 ㊺ 能楽師・落語家・写真家・建築家

第 8 期

㊻ ケアマネジャー・児童指導員・手話通訳士・義肢装具士 ㊼ 舞台演出家・ラジオパーソナリティ・マジシャン・ダンサー ㊽ 書籍編集者・絵本作家・ライター・イラストレーター ㊾ 自動車開発エンジニア・自動車工場従業員・自動車整備士・自動車販売員 ㊿ 彫刻家・書道家・指揮者・オペラ歌手

第 9 期

51 児童英語教師・通訳案内士・同時通訳者・映像翻訳家 52 郵便配達員・宅配便ドライバー・トラック運転手・港湾荷役スタッフ 53 スーパーマーケット店員・CDショップ店員・ネットショップ経営者・自転車屋さん 54 将棋棋士・総合格闘技選手・競馬騎手・競輪選手 55 プログラマー・セキュリティエンジニア・アプリ開発者・CGデザイナー

第 10 期

56 NASA研究者・海外企業日本人スタッフ・日本企業海外スタッフ・日本料理店シェフ 57 中学校の先生・学習塾講師・ピアノの先生・料理教室講師 58 駅員・理容師・クリーニング屋さん・清掃作業スタッフ 59 空手選手・スポーツクライミング選手・プロスケートボーダー・プロサーファー 60 古着屋さん・プロゲーマー・アクセサリー作家・大道芸人

第 11 期　会社員編

61 コクヨ・ヤマハ・コロナ・京セラ 62 富士通・NTTデータ・ヤフー・NDソフトウェア 63 タカラトミー・キングレコード・スバリゾートハワイアンズ・ナゴヤドーム 64 セイコーマート・イオン・ジャパネットたかた・アマゾン 65 H.I.S.・JR九州・伊予鉄道・日本出版販売

第 12 期　会社員編

66 カルビー・ハウス食品・サントリー・雪印メグミルク 67 ユニクロ・GAP・カシオ・資生堂 68 TOTO・ニトリホールディングス・ノーリツ・ENEOS 69 TBSテレビ・講談社・中日新聞社・エフエム徳島 70 七十七銀行・楽天Edy・日本生命・野村ホールディングス

第 13 期　会社員編

71 ユニ・チャーム・オムロン ヘルスケア・花王・ユーグレナ 72 三井不動産・大林組・ダイワハウス・乃村工藝社 73 au・Twitter・MetaMoji・シャープ 74 ABEMA・東宝・アマナ・ライゾマティクス 75 東京書籍・リクルート・ライフイズテック・スイッチエデュケーション

「自分のキャリアをイメージしてみよう」

1

「自分の生まれた年」と「現在の年齢」、「今好きなこと」や「小さいころ好きだったこと」を書いてみましょう。

2

この本で紹介している4人の「今までとこれから」を参考に、「これから学びたいこと」「してみたいこと（アルバイトなど）」「どんな仕事につきたいか」「どこにだれと住んでいたいか」を、年齢も入れながら書いてみましょう。

3

60歳の自分が「どんなくらしをしているか」、想像して書いてみましょう。

4

気づいたことを、メモしておきましょう。

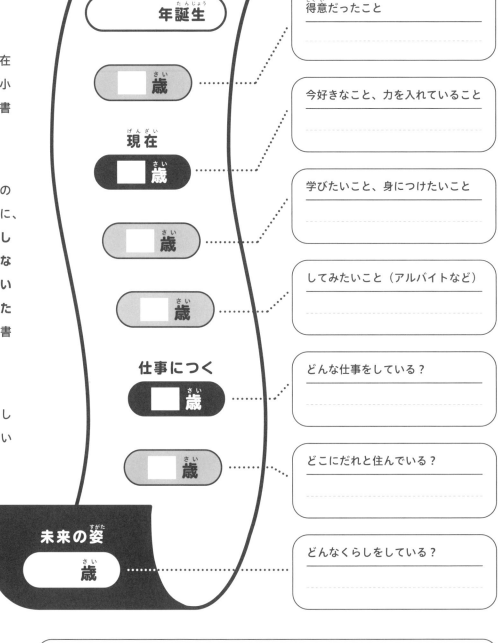

年誕生

□歳

現在 □歳

□歳

□歳

仕事につく □歳

□歳

未来の姿 □歳

小さいころ好きだったことや、得意だったこと

今好きなこと、力を入れていること

学びたいこと、身につけたいこと

してみたいこと（アルバイトなど）

どんな仕事をしている？

どこにだれと住んでいる？

どんなくらしをしている？

なりたい自分に近づくために必要なこと

気づいたこと

なりたい自分に近づくために必要なことは何か、課題は何か、考えてみましょう。